DRAGONES

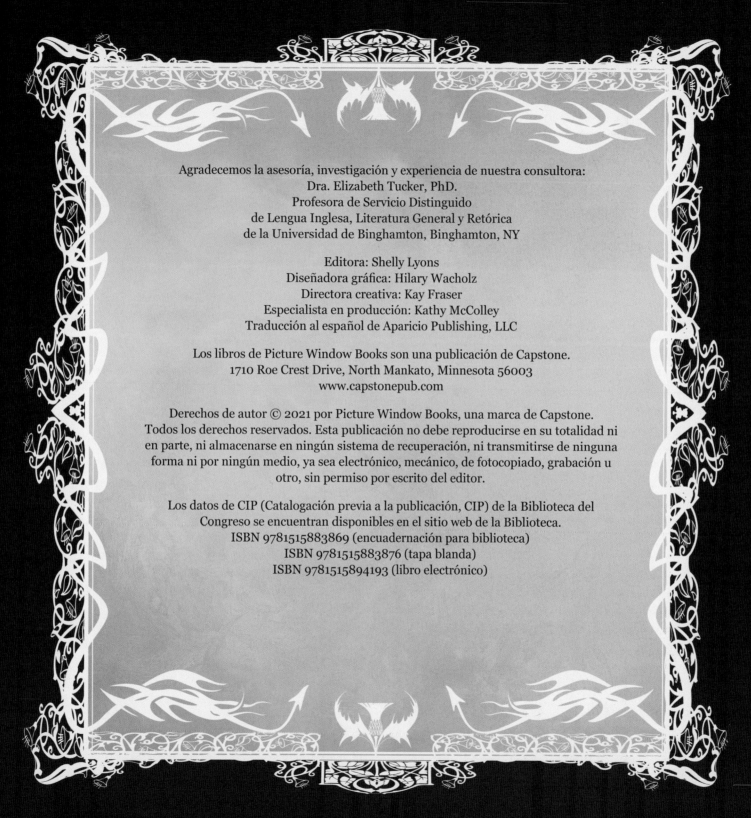

Agradecemos la asesoría, investigación y experiencia de nuestra consultora:
Dra. Elizabeth Tucker, PhD.
Profesora de Servicio Distinguido
de Lengua Inglesa, Literatura General y Retórica
de la Universidad de Binghamton, Binghamton, NY

Editora: Shelly Lyons
Diseñadora gráfica: Hilary Wacholz
Directora creativa: Kay Fraser
Especialista en producción: Kathy McColley
Traducción al español de Aparicio Publishing, LLC

Los libros de Picture Window Books son una publicación de Capstone.
1710 Roe Crest Drive, North Mankato, Minnesota 56003
www.capstonepub.com

Los datos de CIP (Catalogación previa a la publicación, CIP) de la Biblioteca del
Congreso se encuentran disponibles en el sitio web de la Biblioteca.
ISBN 9781515883869 (encuadernación para biblioteca)
ISBN 9781515883876 (tapa blanda)
ISBN 9781515894193 (libro electrónico)

Printed and bound in the USA. 3837

DRAGONES

ESCRITO POR
MATT DOEDEN

ILUSTRADO POR
MARTÍN BUSTAMANTE

Una sombra cubre el pueblo. Los niños gritan aterrados. Un enorme dragón inclina su cabeza cubierta de escamas. Con las mandíbulas abiertas, baja en picada. Arroja ardientes llamaradas por la boca. El rebaño de ovejas huye espantado, pero una las ovejas es demasiado lenta. Con sus largos y afilados colmillos, el dragón atrapa y levanta al animal en el aire.

EL COMPORTAMIENTO DE LOS DRAGONES

Los dragones son un misterio. No se sabe mucho de ellos. Su vida comienza en un huevo. Las hembras ponen huevos en sus guaridas. Las madres cuidan a las crías que salen de los huevos hasta que pueden valerse por sí solas.

Una vez que crecen, los dragones jóvenes dejan el nido para encontrar sus propias guaridas. Casi siempre hacen su guarida en cuevas profundas. Los dragones acumulan tesoros y provisiones en su guarida.

Los dragones son carnívoros. Cazan y comen carne. Los más jóvenes buscan presas pequeñas, como ratones. A medida que crecen, cazan presas más grandes. ¡Un dragón adulto puede comer una vaca o un búfalo de un solo bocado!

EL CICLO DE VIDA DE LOS DRAGONES

Los dragones adultos pueden dormir durante semanas o incluso años. Despiertan solo para cazar, acumular tesoros y buscar pareja. Mientras más viejo es el dragón, más duerme.

HUEVO

CRÍA

DRAGÓN JOVEN

Los caballeros de brillante armadura cazan y matan algunos dragones. Pero la mayoría de los dragones vive mucho tiempo. Pueden vivir cientos o hasta miles de años. Muchos creen que estas enormes bestias pueden vivir por siempre. Es posible que se queden en sus cuevas, ¡durmiendo durante siglos!

DRAGÓN ADULTO

DRAGÓN VIEJO

LAS CARACTERÍSTICAS DE LOS DRAGONES

Hay dragones de forma y tamaño diferentes. Los dragones de las leyendas de Occidente tienden a ser enormes, mientras que los de las leyendas de Oriente a menudo son pequeños. Cualquiera que sea su tamaño, la mayoría comparte algunas características. Algunos parecen serpientes y otros, lagartos. Son largos, delgados y tienen el cuerpo cubierto de duras escamas. Sus resistentes escamas los protegen de casi todas las armas, menos de las de punta más afilada.

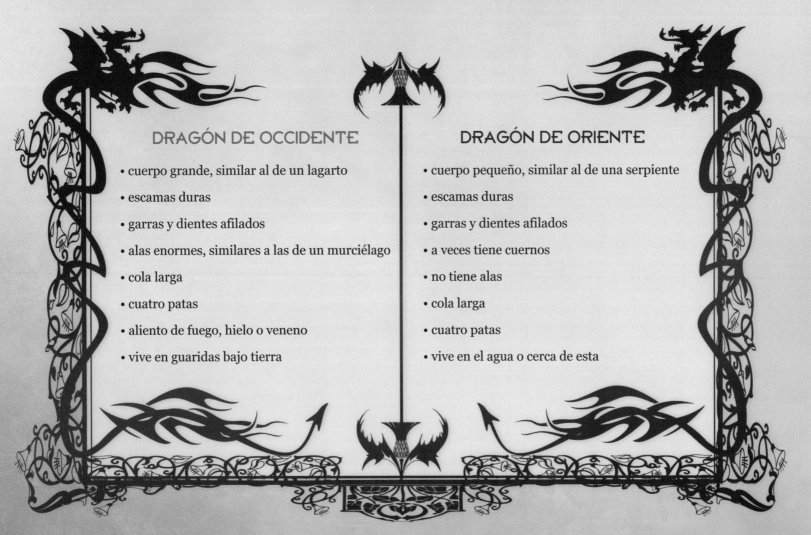

DRAGÓN DE OCCIDENTE

- cuerpo grande, similar al de un lagarto
- escamas duras
- garras y dientes afilados
- alas enormes, similares a las de un murciélago
- cola larga
- cuatro patas
- aliento de fuego, hielo o veneno
- vive en guaridas bajo tierra

DRAGÓN DE ORIENTE

- cuerpo pequeño, similar al de una serpiente
- escamas duras
- garras y dientes afilados
- a veces tiene cuernos
- no tiene alas
- cola larga
- cuatro patas
- vive en el agua o cerca de esta

DRAGÓN DE ORIENTE

DRAGÓN DE OCCIDENTE

La mayoría de los dragones tiene alas. Son grandes y de piel curtida. Sus alas se parecen a las de los murciélagos.

BRAZOS

Los brazos de los dragones son muy fuertes y les permiten mover sus grandes alas.

METACARPOS

Al igual que los seres humanos y los murciélagos, los dragones tienen cinco metacarpos en cada brazo. Estos "dedos" son los huesos de cada ala.

Los dragones más grandes necesitan alas muy fuertes. Aun así, las alas fuertes podrían no levantar el enorme peso del dragón. Es posible que los dragones necesiten un poco de magia para volar.

MEMBRANA DEL ALA

El exterior de la membrana del ala es de piel gruesa cubierta de escamas. Es flexible y muy resistente.

Los dragones son bestias letales. Pueden desgarrar a cualquier animal o enemigo con sus afilados dientes. Sus garras se hunden en la carne de sus presas.

La cola también les sirve de arma. Con un poderoso golpe de su cola,
un dragón puede destruir la armadura de un caballero.

Cuando un dragón abre la boca, ¡es hora de correr!

Muchos dragones pueden arrojar fuego, aunque no es lo único que sale de su boca. Algunos sueltan ráfagas de hielo. Otros escupen veneno mortal.

LAS PARTES DE UN DRAGÓN

OJOS

La aguda visión de los dragones les sirve para cazar a su presa.

MANDÍBULAS

¡Las fuertes mandíbulas de un dragón pueden partir un animal en dos!

GARRAS

Sus afiladas garras pueden rasgar la armadura más resistente.

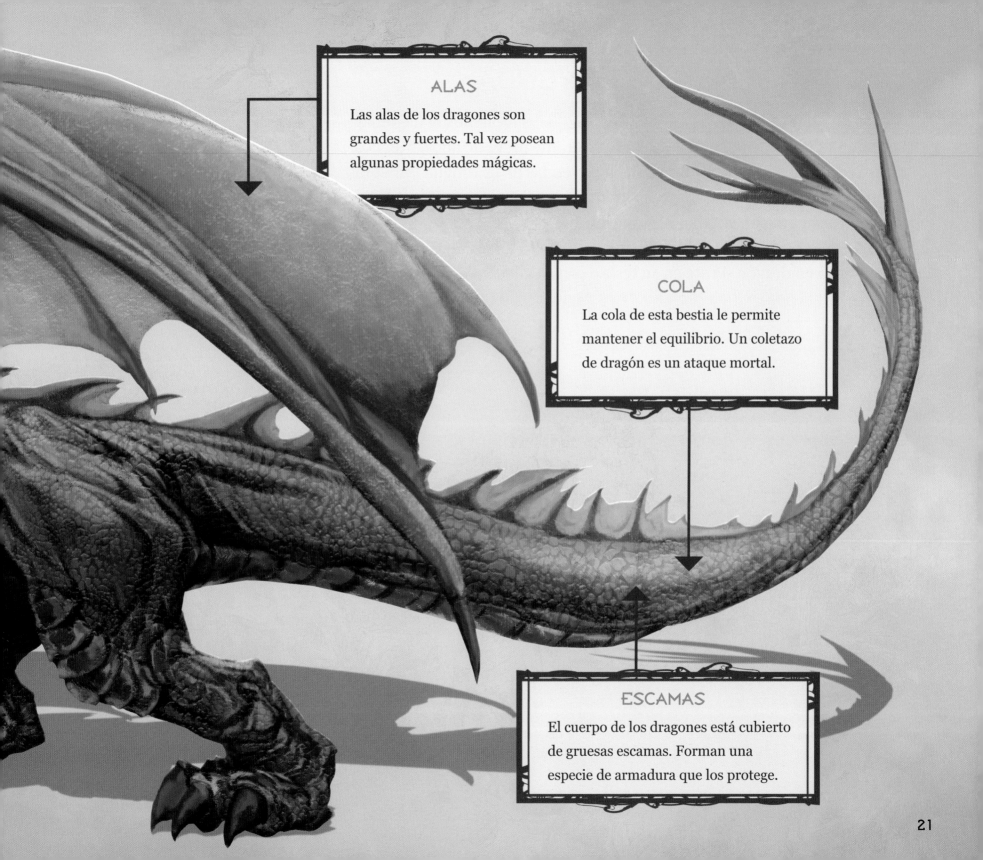

ALAS

Las alas de los dragones son grandes y fuertes. Tal vez posean algunas propiedades mágicas.

COLA

La cola de esta bestia le permite mantener el equilibrio. Un coletazo de dragón es un ataque mortal.

ESCAMAS

El cuerpo de los dragones está cubierto de gruesas escamas. Forman una especie de armadura que los protege.

LOS DRAGONES DE LEYENDA

Los dragones son bestias mitológicas. Los seres humanos han contado leyendas sobre estas poderosas criaturas durante miles de años. Muchos de esos dragones son aterradores. En las leyendas de la antigua Babilonia, Tiamat era una diosa descrita como un dragón. Ella reunió a otros dragones y monstruos para enfrentarse a los dioses.

En otra leyenda del norte de Europa, Fafner era un hombre que se convirtió en dragón. Protegía su tesoro con su aliento venenoso.

Otros dragones son útiles. Una leyenda china cuenta que cuatro dragones, el Dragón Negro, el Gran Dragón, el Dragón de la Perla y el Dragón Amarillo, crearon los grandes ríos de ese país. Otra leyenda china, La perla del dragón, cuenta la historia de un dragón que le regaló una perla a un hombre para que su madre ciega recuperara la vista.

Aun en la actualidad, los dragones son parte importante de mitos y leyendas. Aparecen en cuentos y películas como seres misteriosos, sabios y poderosos. En el popular libro *El hobbit,* de J.R.R. Tolkien, el dragón Smaug aterroriza a todo el mundo.

Los dragones también son personajes de muchos videojuegos. Los jugadores pueden montarlos o abatirlos. En el juego "Calabozos y dragones", los jugadores cazan dragones y acumulan tesoros.

ACERCA DEL AUTOR

Matt Doeden comenzó su carrera como periodista deportivo. Desde entonces, lleva casi dos décadas escribiendo y editando cientos de libros de ficción y de no ficción para niños. Su libro *Darkness Everywhere: The Assassination of Mohandas Gandhi* fue incluido entre los mejores libros infantiles del año 2014 en la lista del Comité de Libros Infantiles de Bank Street College of Education. Doeden vive en Minnesota con su esposa y sus dos hijos.

ACERCA DEL ILUSTRADOR

Martín Bustamante es un ilustrador y pintor argentino. A los tres años ya podía dibujar un caballo "empezando por la cola", como decía su mamá. Ya de adolescente, descubrió mundos nuevos y fascinantes en películas como *La guerra de las galaxias* o libros como *El príncipe valiente,* de Harold Foster. Los múltiples colores, figuras y ambientes de esas obras fueron su inspiración para dibujar. Empezó a trabajar como ilustrador profesional y ha trabajado para muchas casas editoriales y revistas, tanto de Argentina como de Europa y Estados Unidos.

GLOSARIO

abatir—matar

acumular—guardar una gran cantidad de algo

antiguo/a—de hace mucho tiempo

arrojar—lanzar con mucha fuerza

caballero—guerrero de la Edad Media (400–1500 d. C.) que vestía armadura y peleaba a caballo

carnívoro—animal que come solo carne

cría—animal que acaba de nacer

escama—una de muchas piezas duras y pequeñas que cubren el cuerpo de ciertos animales

guarida—lugar donde se refugian algunos animales, a menudo en cuevas o bajo tierra

mito—historia o leyenda tradicional, originada en tiempos antiguos

presa—ser vivo al que otro animal caza para alimentarse

siglo—período de 100 años

veneno—sustancia que puede matar o hacer mucho daño

PREGUNTAS DE RAZONAMIENTO CRÍTICO

1. En todo el mundo existen leyendas sobre dragones. ¿Crees que la idea de los dragones es común?

2. Los dragones de las leyendas de la antigua China y del mundo oriental solían ser criaturas útiles. Los de Europa y del mundo occidental tendían a ser dañinos. ¿A qué crees que se deba esto? ¿Por qué?

3. Algunos expertos creen que las leyendas sobre dragones están relacionadas con las experiencias que algunas personas tuvieron al hallar los fósiles de enormes serpientes y dinosaurios. ¿Con qué crees que puedan estar relacionadas esas leyendas?

¡LÉELOS TODOS!

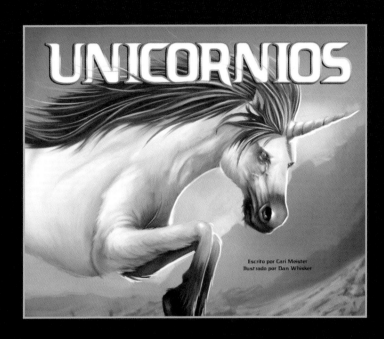

UNICORNIOS

Escrito por Cari Meister
Ilustrado por Dan Whisker

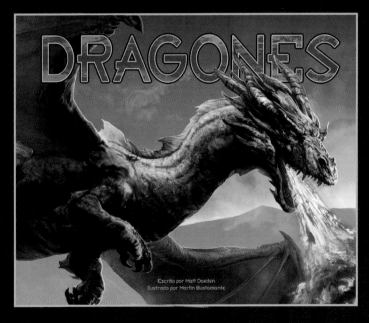

DRAGONES

Escrito por Matt Doeden
Ilustrado por Martin Bustamante